GEORG GUNDLACH

# AT THE GATE OF LENINGRAD
## ALLE PORTE DI LENINGRADO

THE 291ST INFANTERIE-DIVISION FROM LITHUANIA TO THE BATTLE OF THE VOLKHOV BAG, 1941-1942

LA 291A INFANTERIE-DIVISION DALLA LITUANIA ALLA BATTAGLIA DELLA SACCA DEL VOLCHOV, 1941-1942

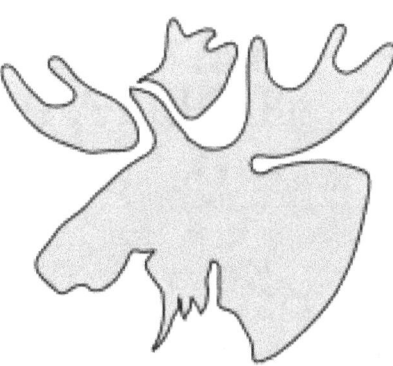

ISBN: 978-88-9327-5873  2nd Edition : may 2020
Title: At the gates of Leningrad (ISE-068) di Georg Gundlach a cura di Andrea Lombardi
Pubblished by LUCA CRISTINI EDITORE. Cover & Art design: L. S. Cristini - English & Italian text.
Prima edizione a cura di ASSOCIAZIONE ITALIA STORICA - Genova 04-2012

# INTRODUCTION

The photographs in this book were taken by Feldwebel Georg Gundlach on behalf of the 291 Command. Infanterie-Division to document the war operations in Russia, illustrate the fighting of the German Division, and in particular the infantry of Infanterie Regiment 506, during Operation Barbarossa through the Baltic States, in the first winter 1941-1942 and in the swamps and forests of Volchov, in the Leningrad sector.

## HISTORY OF THE 291. INFANTERIE-DIVISION

291. Infanterie-Division was established on 10th February 1940 in Arys, Wehrkreis I in East Prussia. During the French campaign, the 291. Infanterie-Division will be employed by the XXXXII Armee-Korps of the 9. Armee, Heeresgruppe B, advancing on Maastricht, Tongres, Laon and Saint-Amand, while in June 1941, at the beginning of Operation Barbarossa, it will be placed on the left wing of the North Heeresgruppe, advancing in the Baltic countries by seventy kilometers in two days, an exceptional performance for a hippotrained Division. 291's attempts. Infanterie-Division's attempts to take the Libau naval base on June 25 will initially be frustrated by Soviet naval infantrymen and 67th Division riflemen. It will take four days of hard fighting house to house to win the enemy resistance and resume the advance along the Baltic coast; the Division will then be engaged in the encirclement of Riga, repelling numerous attempts to break through by the surrounded Soviets, suffering heavy losses. After other battles in Estonia in July and August, the Division will be deployed as the right wing of the encirclement of the XXXVIII Armee-Korps of the Oranienbaum bridgehead at the beginning of September, breaking through the first line of Russian defenses around Leningrad before heading north to take Peterhof on the Gulf of Finland, surrounding the Russian units there. The 291. Infanterie-Division will then be assigned to the 18. Armee, deployed along the Volchov River with the task of countering Russian breakthrough attacks on the besieged Leningrad. The Division was alternated at the end of December, but immediately after the 2nd Assault Army of General Andrej Vlassov unleashed an offensive in early January, aimed at the junction between 61. and 21. Infanterie-Division. The Division will then be engaged in blocking the Soviet advance first, and in the encirclement of the 2nd Assault Army and its progressive destruction then, operating alongside the 4th SS-Polizei-Division and the 58. Infanterie-Division in very hard fighting in the forests and swamps of the Volchov, including those for the notorious "Erika" clearing, the area where the two German pincers joined, until the surrender of the last Russian survivors in June 1942.

The Division was then transferred to the Velikie Luki sector at the beginning of 1943, later retreating to the north of Ukraine. At the time of the Soviet summer offensive in June 1944 the Division was part of the 1. Panzer-Armee. These latter operations greatly reduced the strength of the unit, but it remained on the front line, fighting on the Vistula at the end of 1944. The Division was then annihilated in desperate fighting in Silesia in early 1945; its remains were aggregated with the 6. Volksgrenadier-Division, which fought at Lauban and Neustadt surrendering to the Red Army east of Prague in May 1945.

# INTRODUZIONE

Le fotografie di questo libro, scattate dal *Feldwebel* Georg Gundlach su incarico del Comando della *291. Infanterie-Division* per documentarne le operazioni belliche in Russia, illustrano i combattimenti della Divisione tedesca, e in particolare della fanteria dell'*Infanterie-Regiment 506*, durante l'Operazione *Barbarossa* attraverso i Paesi Baltici, nel primo inverno 1941-1942 e nelle paludi e nelle foreste del Volchov, nel settore di Leningrado.

## STORIA DELLA 291ª INFANTERIE-DIVISION

La *291. Infanterie-Division* fu costituita il 10 febbraio 1940 a Arys, nel *Wehrkreis I* in Prussia orientale. Durante la campagna di Francia, la *291. Infanterie-Division* sarà alle dipendenze del *XXXXII Armee-Korps* della *9. Armee, Heeresgruppe B*, avanzando su Maastricht, Tongres, Laon e Saint-Amand, mentre nel giugno 1941, all'inizio dell'operazione Barbarossa, sarà posta all'ala sinistra dell'*Heeresgruppe Nord*, avanzando nei Paesi Baltici di settanta chilometri in due giorni, una performance eccezionale per una Divisione ippotrainata.

I tentativi della *291. Infanterie-Division* di prendere la base navale di Libau il 25 giugno saranno inizialmente frustrati dai fanti di marina sovietici e dai fucilieri della 67ª Divisione. Serviranno quattro giorni di duri combattimenti casa per casa per vincere la resistenza nemica e riprendere l'avanzata lungo la costa baltica; la Divisione sarà quindi impegnata nell'accerchiamento di Riga, respingendo numerosi tentativi di sfondamento da parte dei sovietici circondati, subendo pesanti perdite. Dopo altri combattimenti in Estonia nel luglio e agosto, la Divisione sarà schierata quale ala destra dell'accerchiamento del *XXXVIII Armee-Korps* della testa di ponte di Oranienbaum agli inizi di settembre, sfondando la prima linea di difese russe intorno a Leningrado prima di dirigersi a nord prendendo Peterhof sul Golfo di Finlandia accerchiando le unità russe lì presenti. La *291. Infanterie-Division* sarà quindi assegnata alla *18. Armee*, schierata lungo il fiume Volchov con il compito di contrastare gli attacchi di sfondamento russi verso Leningrado assediata. La Divisione fu avvicendata alla fine di dicembre, ma subito dopo la 2ª Armata d'assalto del Generale Andrej Vlassov scatenò una offensiva agli inizi di gennaio, mirata alla giunzione tra la *61.* e la *21. Infanterie-Division*. La Divisione sarà quindi impegnata nel bloccare l'avanzata sovietica prima, e nell'accerchiamento della 2ª Armata d'assalto e nella sua progressiva distruzione poi, operando al fianco della *4. SS-Polizei-Division* e della *58. Infanterie-Division* in durissimi combattimenti nelle foreste e nelle paludi del Volchov, compresi quelli per la famigerata radura "Erika", la zona dove si congiunsero le due tenaglie tedesche, sino alla resa degli ultimi superstiti russi nel giugno 1942. La Divisione verrà poi trasferita nel settore di Velikie Luki agli inizi del 1943, ripiegando in seguito nel nord dell'Ucraina. Al momento dell'offensiva estiva sovietica del giugno 1944 la Divisione faceva parte della *1. Panzer-Armee*. Queste ultime operazioni ridussero di molto la forza dell'unità, che rimarrà tuttavia sulla linea del fronte, combattendo sulla Vistola alla fine del 1944. La Divisione sarà poi annientata nei disperati combattimenti in Slesia agli inizi del 1945; i suoi resti saranno aggregati alla *6. Volksgrenadier-Division*, che combatterà a Lauban e Neustadt arrendendosi all'Armata rossa a est di Praga nel maggio 1945.

## DIVISION COMMANDERS
## COMANDANTI DELLA DIVISIONE

*General der Artillerie* Kurt Herzog (7 February 1940 - 10 June 1942)
*Generalleutnant* Werner Göritz (10 June 1942 - 15 January 1944)
*Generalmajor* Oskar Eckholt (15 January 1944 - 10 July 1944)
*Generalmajor* Arthur Finger (10 July 1944 - 27 January 1945)

## DECORATED WITH THE KNIGHT'S CROSS OF THE DIVISION
## DECORATI DELLA CROCE DI CAVALIERE DELLA DIVISIONE

*Stab*
Goeritz, Werner 06.11.1943 *Generalleutnant Kdr. 291. Inf.-Div.*
Herzog, Kurt 18.10.1941 *Generalleutnant Kdr. 291. Inf.-Div.*

*Infanterie-/Grenadier- Regiment 504*
Andree, Harry 04.05.1944 *Major Kdr. I./Gren.-Rgt. 504*
Bechler, Helmut 26.03.1944 *Oberst Kdr. Gren.-Rgt. 504*
Fehr, Erich 26.01.1944 *Hauptmann Führer I./Gren.-Rgt. 504*
Koslinko, Otto 04.06.1944 *Unteroffizier Zugführer i. d. 8.(MG)/Gren.-Rgt. 504*
Zimmermann, Otto 26.03.1944 *Feldwebel Zugführer i. d. 4.(MG)/Gren.-Rgt. 504*

*Infanterie-/Grenadier- Regiment 505*
Krohn, Ernst 27.10.1943 *Oberfeldwebel Zugführer i. d. 1./Gren.-Rgt. 505*
Lohmeyer, Karl 15.07.1941 *Oberst Kdr. Inf.-Rgt. 505*
Sawatzki, Otto 08.09.1941 *Oberfeldwebel Zugführer i. d. 14.(Pz.Jäg)/Inf.-Rgt. 505*
Vogelsang, Friedrich Dr. 14.12.1943 *Oberstleutnant Kdr. Gren.-Rgt. 505*

*Infanterie-/Grenadier- Regiment 506*
Gurran, Paul 12.09.1941 *Oberst Kdr. Inf.-Rgt. 506*
Pasternack, Eberhard 22.09.1941 *Oberleutnant d.R. Führer 7./Inf.-Rgt. 506*
Weyel, Erich 20.12.1941 *Oberleutnant Führer 14.(Pz.Jäg)/Inf.-Rgt. 506*

*Divisions-Füsilier-Bataillon 291*
Wichert, Willy 06.11.1943 *Hauptmann d.R. Chef 3./Div.-Füs.-Btl 291*

## ORGANIZATION CHART
## ORGANIGRAMMA

*Infanterie-Regiment 504*
*Infanterie-Regiment 505*
*Infanterie-Regiment 506*

*Pionier-Bataillon 291*

*Artillerie-Regiment 291*

*Feldersatz-Bataillon 291*

*Panzerabwehr-Abteilung 291*
(renamend in the 1942 *Schnelle Abteilung 291* and from 1943 *Panzerjäger-Abteilung 291*)

*Radfahr-Bataillon 291*
(renamed in 1943 *Aufklärungs-Abteilung 291* and after *Füsilier-Bataillon 291*)

*Infanterie-Divisions-Nachrichten-Abteilung 291*

*Infanterie-Divisions-Nachschubführer 291*

*Feldpostamt 291*

*Sanitätstruppen 291*
  *1. / Sanitäts-Kompanie 291 (besp.)*
  *2. / Sanitäts-Kompanie 291 (besp.)*
  *1. / Krankenkraftwagenzug 291*
  *2. / Krankenkraftwagenzug 291*
 *Feldlazarett 291*

*Veterinär-Kompanie 291*

# Maps - Mappe

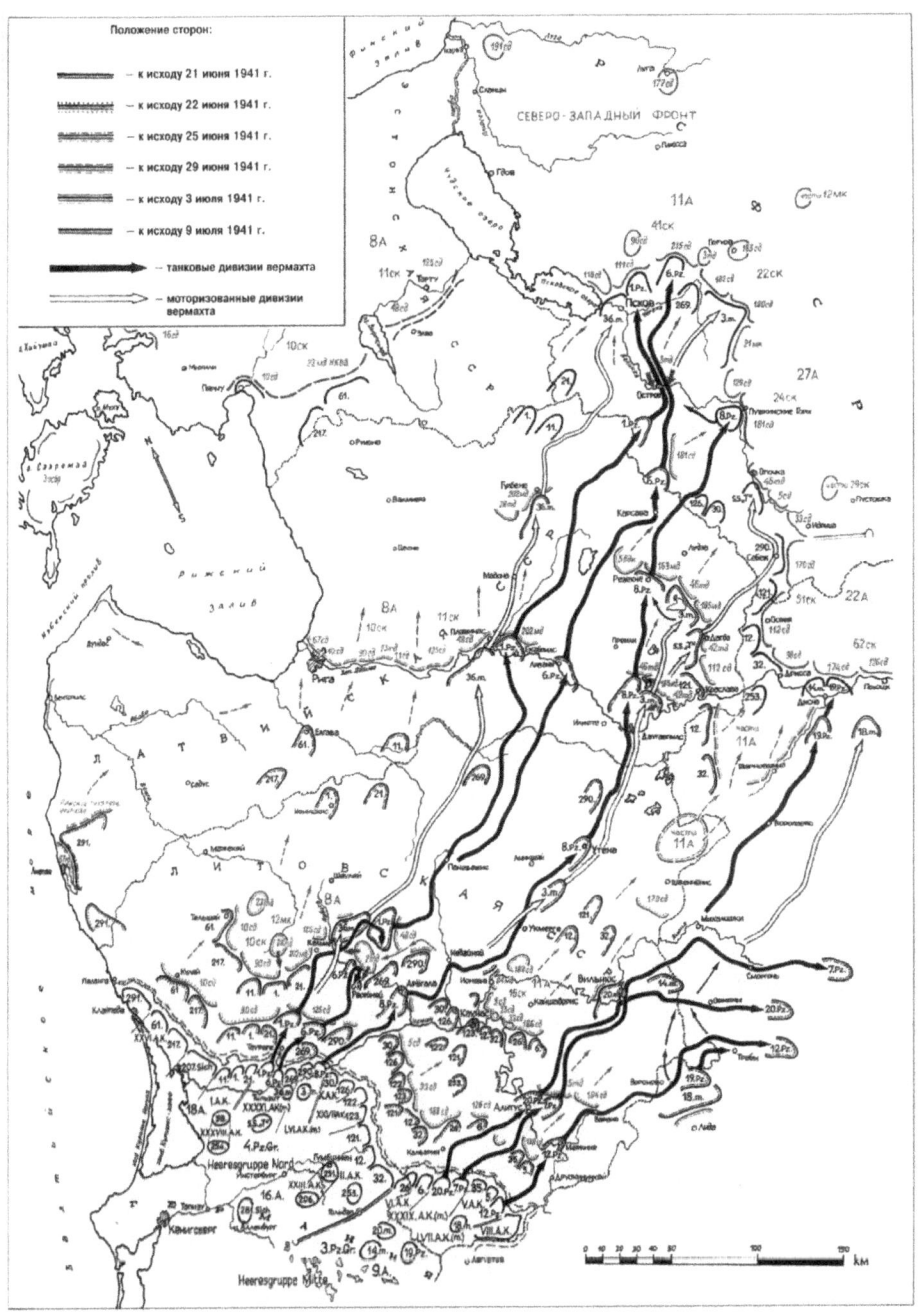

The fighting in the Baltic countries in June-July 1941; 291. Infanterie-Division is visible lined up on the left side of the Heeresgruppe Nord, along the coast.

*I combattimenti nei Paesi Baltici nel giugno-luglio 1941; la 291. Infanterie-Division è visibile schierata sul fianco sinistro dell'Heeresgruppe Nord, lungo la costa.*

Legend:
German frontline in January 1942
German divisions
Russian offensives
Line of maximum penetration of the Soviet 2nd Assault Army
German counterattacks
German front line in June 1942

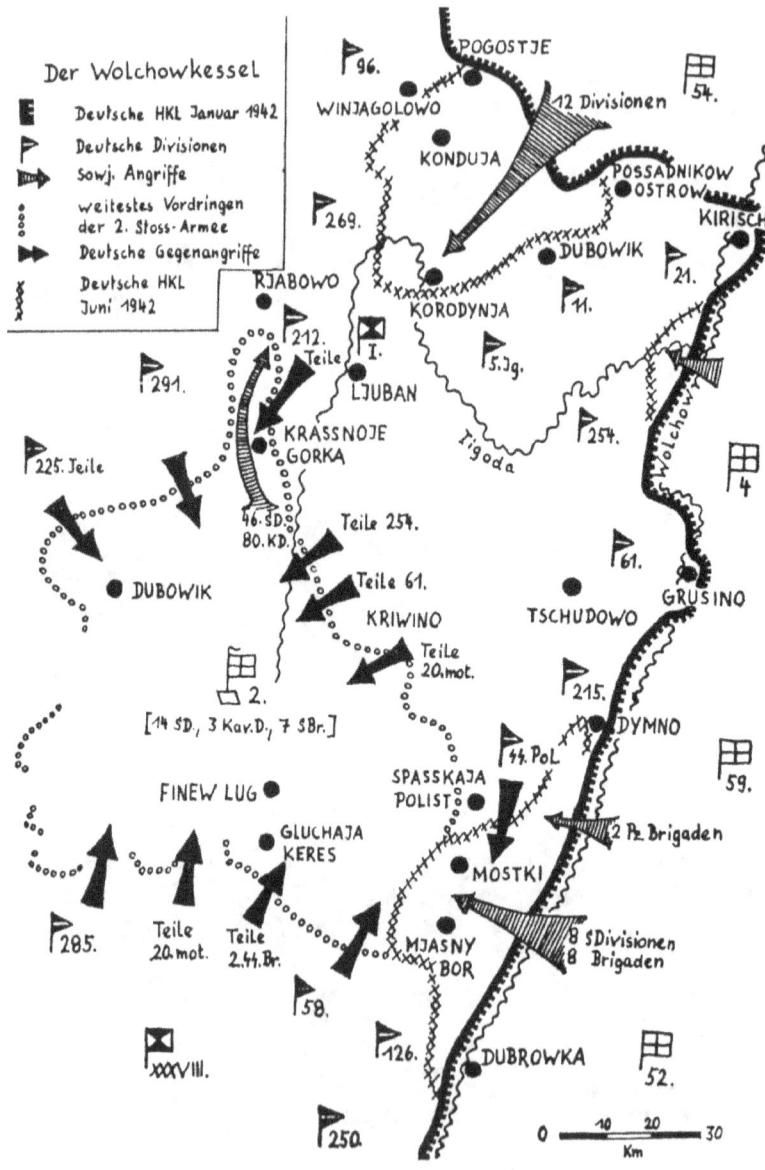

The bag of the Volkhov, January-June 1942.
*La sacca del Volchov, gennaio-giugno 1942.*

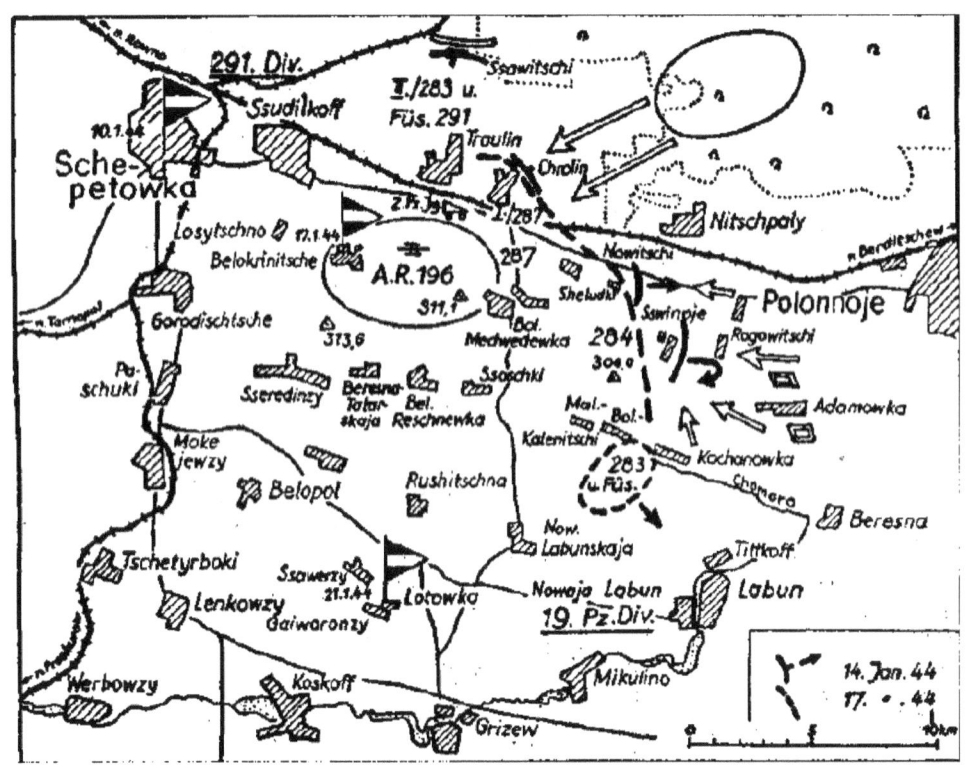

The fighting of the 291st Infanterie-Division in January 1944.

*I combattimenti della 291a Infanterie-Division nel gennaio 1944.*

PHOTOGRAPHIC HISTORY OF THE
291A INFANTERIE-DIVISION
FROM LITHUANIA TO BATTLE
OF THE VOLKHOV BAG,
1941-1942

\*

STORIA FOTOGRAFICA DELLA
291A INFANTERIE-DIVISION
DALLA LITUANIA ALLA BATTAGLIA
DELLA SACCA DEL VOLCHOV,
1941-1942

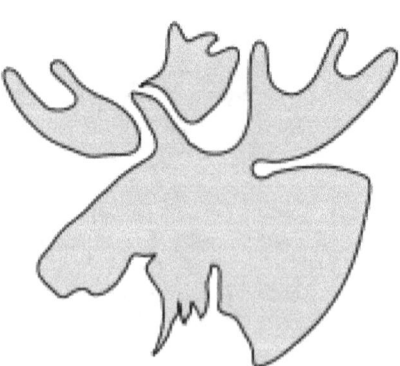

The last quarters of 291's Infanterie-Regiment 506. Infanterie-Division before the Russian campaign, 20 June 1941.
*Gli ultimi alloggi dell'Infanterie-Regiment 506 della 291. Infanterie-Division prima della campagna di Russia, 20 giugno 1941.*

The Oberst Gurran, commander of Infanterie-Regiment 506 discussed future military operations before June 22, 1941.
*L'Oberst Gurran, comandante dell'Infanterie-Regiment 506 discute le future operazioni militari prima del 22 giugno 1941.*

The Oberst Gurran presents Regiment Officers to Generalmajor Herzog.
*L'Oberst Gurran presenta degli Ufficiali del Reggimento al Generalmajor Herzog.*

Last orders from Oberst Gurran, commander of Infanterie-Regiment 506.
*Gli ultimi ordini dell'Oberst Gurran, comandante dell'Infanterie-Regiment 506.*

Russian reinforcements killed by machine gun fire.
*Rinforzi russi vittime del fuoco di mitragliatrici.*

Russian anti-aircraft gun destroyed on the road to Libau.
*Cannone contraereo russo distrutto sulla strada per Libau.*

Russian died in a cornfield, June 1941.
*Russo morto in un campo di grano, giugno 1941.*

Three comrades of 11/506, fallen in action in Estonia on 24 August 1941.
*Tre camerati del 11/506, caduti in azione in Estonia il 24 agosto 1941.*

Effects of a Russian officer, 1941.
*Effetti di un ufficiale russo, 1941.*

Dead Russian soldier, 1941.
*Soldato russo morto, 1941.*

Soldiers and Officers listen to the OKW news.
*Soldati e Ufficiali ascoltano le notizie dell'OKW.*

Dogs were the soldiers' most loyal friends.
*I cani erano gli amici più fedeli dei soldati.*

A break in the march, a refreshing sip from the canteen, 1941.
*Una pausa della marcia, un sorso rinfrescante dalla borraccia, 1941.*

Russian prisoners at Regiment Command.
*Prigionieri russi al Comando di Reggimento.*

Infanterie-Regiment 506 infantry after the first days of the Russian Campaign.
*Fanti dell'Infanterie-Regiment 506 dopo i primi giorni della Campagna di Russia.*

Rest and food for the tireless bikers.
*Riposo e cibo per gli infaticabili motociclisti.*

War photographers also pull a smile off soldiers' faces.
*I fotografi di guerra strappano un sorriso anche ai soldati.*

Soldiers repair the road by filling a large bomb crater.
*I soldati riparano la strada riempiendo un grosso cratere di bomba.*

German soldiers meet the Latvian population.
*I soldati tedeschi incontrano la popolazione lettone.*

Long-distance marriage of an Obergefreiter in Latvia.
*Matrimonio "a distanza" di un Obergefreiter in Lettonia.*

Infantry column on the march, Latvia.
*Colonna di fanteria in marcia, Lettonia.*

Infantry units on the march, Latvia
*Pezzi della fanteria in marcia, Lettonia.*

Biker order pickers waiting for the next order on a Latvian farm.
*Portaordini motociclisti in attesa del prossimo ordine in una fattoria lettone.*

Major Krause, Commander of III/506 (centre), Hauptmann Voigtlander (right) and Leutnant Meinel (left) discuss the action plan, July 1941.
*Il Major Krause, Comandante del III/506 (al centro), l'Hauptmann Voigtlander (a destra) e il Leutnant Meinel (a sinistra) discutono il piano d'azione, luglio 1941.*

Infanterie-Regiment 506 cart in Latvia.
*Carretto dell'Infanterie-Regiment 506 in Lettonia.*

Reiter-Zug comrades from Infanterie-Regiment 506.
*Camerati del Reiter-Zug dell'Infanterie-Regiment 506.*

Soldiers of the Reiter-Zug of the Infanterie-Regiment 506 practice riding on the beach of Pärnu (Pernau), Estonia.
*Soldati del Reiter-Zug dell'Infanterie-Regiment 506 si esercitano nell'equitazione sulla spiaggia di Pärnu (Pernau), Estonia.*

Engineers struggling with construction materials at the field railroad.
*Genieri alle prese con materiali da costruzione presso la ferrovia da campo.*

The engineers have just finished building the bridge across the Purtse River, 1941.
*I Genieri hanno appena finito la costruzione del ponte oltre il fiume Purtse, 1941.*

Fountain in front of the Riga Opera.
*Fontana davanti all'Opera di Riga.*

Statue of Liberty in Riga.
*Statua della Libertà a Riga.*

The Daugava bridge in Riga partly demolished, Latvia, 1941.
*Il ponte Daugava a Riga in parte demolito, Lettonia, 1941.*

Buildings destroyed in Riga, 1941.
*Edifici distrutti a Riga, 1941.*

Damaged Russian cannon near the edge of a forest near Riga, 1941.
*Cannone russo danneggiato vicino al limitare di una foresta presso Riga, 1941.*

German soldier dead, 1941.
*Soldato tedesco morto, 1941.*

4.5 cm Russian counter-carton cannons exhibited as trophies after the Riga hold, 1941.
*Cannoni controcarro russi da 4.5 cm esposti come trofei dopo la presa di Riga, 1941.*

Remains of Russian military tanks on the road to Riga, 1941.
*Resti di carriaggi militari russi sulla strada per Riga, 1941.*

Russian cannon and caisson abandoned in the forest near Riga, 1941.
*Cannone e cassone russo abbandonati nella foresta presso Riga, 1941.*

Russian wagons abandoned in the forest near Riga, 1941.
*Carriaggi russi abbandonati nella foresta presso Riga, 1941.*

The Narva Dam in Estonia, 1941.
*La diga di Narva in Estonia, 1941.*

Infantry piece in firing position near the Narva River, August 1941.
*Pezzo della fanteria in posizione di tiro vicino al fiume Narva, agosto 1941.*

The river and the fortress of Narva.
*Il fiume e la fortezza di Narva.*

Narva, the last Estonian town before the Russian border.
*Narva, l'ultima città estone prima del confine russo.*

With weapons and materials loaded, the soldiers wait for the marching order, 1941.
*Con armi e materiali caricati, i soldati aspettano l'ordine di marcia, 1941.*

Travelling on the Estonian narrow-gauge railway.
*Viaggiando sulla ferrovia estone a scartamento ridotto.*

On the Rujena-Pernau narrow-gauge railway, Estonia, 1941.
*Sulla ferrovia a scartamento ridotto Rujena-Pernau, Estonia, 1941.*

German plane at Siveskaya airport.
*Aereo tedesco all'aeroporto di Siveskaya.*

Damaged Russian hunter, July 1941.
*Caccia russo danneggiato, luglio 1941.*

Marching in the forest of Luga, overtaking a heavy Russian KV-I wagon destroyed.
*In marcia nella foresta di Luga, superando un carro pesante russo KV-I distrutto.*

German field howitzer (10.5 cm).
*Obice campale tedesco (10.5 cm).*

Summer houses near Petrodvoretz, west of Leningrad. On September 8, 1941 Petrodvoretz was taken by German troops.
*Case estive presso Petrodvoretz, a ovest di Leningrado. L'8 settembre 1941 Petrodvoretz fu presa dalle truppe tedesche.*

Russian women at work near Gatchina, 1941.
*Donne russe al lavoro vicino Gatchina, 1941.*

Chudovo train station.
*La stazione ferroviaria di Chudovo.*

Chudovo train station.
*La stazione ferroviaria di Chudovo.*

Soldiers from Infanterie-Regiment 506 Command Company take cod oil.
*Soldati della Compagnia Comando dell'Infanterie-Regiment 506 prendono l'olio di merluzzo.*

Machine gun nest in the Tigoda-Volchov area, January 1942.
*Nido di mitragliatrice nell'area di Tigoda-Volchov, gennaio 1942.*

The Feldwebel Krause delivers mail from home.
*Il Feldwebel Krause consegna la posta da casa.*

Gunner's ready to open fire.
*Il mitragliere è pronto ad aprire il fuoco.*

Large German war cemetery near Chudovo, February 1942.
*Grande cimitero di guerra tedesco presso Chudovo, febbraio 1942.*

Marconists of III/506 in the Volchov area, 1942.
*Marconisti del III/506 nell'area del Volchov, 1942.*

Russian Tankette of wartime prey employed by the Germans in battle.
*Tankette russa di preda bellica impiegata dai tedeschi in battaglia.*

Russian skis, abandoned by winter fighting in the Volchov area, 1942.
*Sci russi, abbandonati dai combattimenti invernali nell'area del Volchov, 1942.*

Injured in the Battle of the Volchov are being transported to the field hospital.
*Feriti nella battaglia del Volchov sono trasportati all'ospedale da campo.*

You can only get ahead with horses.
*Si avanza ancora solo grazie ai cavalli.*

Long marshy roads. The columns advance only with great difficulty.
*Lunghe strade paludose. Le colonne avanzano solo con grande difficoltà.*

"The way to the supplies." End of the wagon road.
*"La via dei rifornimenti". Fine della strada per i carriaggi.*

Only horses can carry the necessary supplies.
*Solo i cavalli possono portare i rifornimenti necessari.*

In the swamp forest.
*Nella foresta paludosa.*

Russian anti-tank gun abandoned in the swamp, Volchov's sack, 1942.
*Cannone controcarro russo abbandonato nella palude, Sacca del Volchov, 1942.*

German anti-tank gun in the battle for the Volchov sack, June 1941.
*Cannone controcarro tedesco nella battaglia per la Sacca del Volchov, giugno 1941.*

15 cm Infantry Accompanying piece in action, Volchov sack, 1942.
*Pezzo d'accompagnamento della fanteria da 15 cm in azione, Sacca del Volchov, 1942.*

Heavy machine gun in the forests of Volchov, 1942.
*Mitragliatrice pesante nelle foreste del Volchov, 1942.*

Leutnant Müller discusses the actions in the Volchov sack.
*Il Leutnant Müller discute le azioni nella Sacca del Volchov.*

Chasing the enemy along the Tosno-Kamenka Railway, 1942.
*Inseguendo il nemico lungo la ferrovia Tosno-Kamenka, 1942.*

German P-IVs and infantry clear the camp of the enemy in front of the Volchov Forest.
*P-IV tedeschi e fanteria sgombrano il campo dal nemico davanti alla foresta del Volchov.*

Advancing along the railway near Kamenka, May 1942.
*Avanzando lungo la ferrovia presso Kamenka, maggio 1942.*

A machine gunner hidden in the vegetation provides protection at the side.
*Un mitragliere nascosto tra la vegetazione fornisce protezione al fianco.*

Panzer and infantry in the battle for the Volchov sack, 1942.
*Panzer e fanteria nella battaglia per la Sacca del Volchov, 1942.*

Around Erika. After spending gruesome weeks in the swamps, Russian refugees transport their things.
*Nei dintorni di "Erika". Dopo aver passato delle settimane raccapriccianti nelle paludi, dei profughi russi trasportano le loro cose.*

Chaos, during the battle for the Volchov sack, 1942.
*Caos, durante la battaglia per la Sacca del Volchov, 1942.*

Russian machine guns and rolls of telephone wire.
*Mitragliatrici russe e rotoli di cavo telefonico.*

The Panzers are going into action.
*I Panzer entrano in azione.*

Panzer IV on the attack, June 1942.
*Panzer IV all'attacco, giugno 1942.*

On the road to Chudovo, 1942.
*Sulla strada per Chudovo, 1942.*

Pillar of charcoal at Chudovo, 1942.
*Colonna di salmerie presso Chudovo, 1942.*

Bunker in Volchov, May 1942.
*Bunker nel Volchov, maggio 1942.*

The Volchov swamps are almost insuperable obstacles for men and horses.
*Le paludi del Volchov sono ostacoli quasi insuperabili per uomini e cavalli.*

Trunk roads are the safest way to cross the swamp.
*Le strade su tronchi sono la via più sicura per attraversare la palude.*

Column of Russian prisoners of war in the Erika clearing, 1942.
*Colonna di prigionieri di guerra russi nella radura "Erika", 1942.*

Transmission Unit during the battle for the Volchov sack, 1942.
*Unità Trasmissioni durante la battaglia per la Sacca del Volchov, 1942.*

German anti-tank gun in position at Volchov, 1942.
*Cannone controcarro tedesco in posizione a Volchov, 1942.*

Russian train destroyed in Volchov's bag, 1942.
*Treno russo distrutto nella sacca del Volchov, 1942.*

The Artillery Commander, Major Zuhlke and his Adjutant.
*Il Comandante dell'Artiglieria, il Major Zuhlke con il suo Aiutante.*

A radio message is written for the Regiment.
*Si scrive un messaggio radio per il Reggimento.*

291 field train station. Infanterie-Division in Chudovo.
*Stazione del treno campale della 291. Infanterie-Division a Chudovo.*

Reinforcements and supplies are sent to the Regiment by field railway.
*Rinforzi e rifornimenti sono inviati al Reggimento tramite ferrovia campale.*

Leutnant Müller (14./506) in conversation with an Estonian Officer
*Il Leutnant Müller (14./506) a colloquio con un Ufficiale estone*

The dark clouds give emphasis to the "Here begins the world's asshole" sign.
*Le nubi oscure danno enfasi al cartello "Qui inizia il buco del culo del mondo".*

Sign: "Warning: In view of the enemy."
*Cartello: "Attenzione: in vista del nemico".*

"Here begins the asshole of the world", the most photographed sign of the Eastern Front, on the Chudovo-Leningrad road.
*"Qui inizia il buco del culo del mondo", il cartello più fotografato del Fronte Orientale, sulla strada Chudovo-Leningrado.*

The other side of the sign.
*Il lato opposto del cartello.*

A patrol is moving cautiously through the forest occupied by the enemy.
*Una pattuglia si muove cautamente attraverso la foresta occupata dal nemico.*

The bridge over the Tosno-Kamenka road, sheltered by the engineers.
*Il ponte sulla strada Tosno-Kamenka, riparato dai Genieri.*

The "Oberst Gurran" bridge near Kamenka, Volchov area.
*Il ponte "Oberst Gurran" presso Kamenka, area del Volchov.*

Officers of Infanterie-Regiment 506, with Oberst Gurran in the lead: Oberleutnant Tewaag, Oberst Gurran, Hauptmann Weyel, Leutnant Müller and Lewald.
*Ufficiali dell'Infanterie-Regiment 506, con l'Oberst Gurran in testa: Oberleutnant Tewaag, Oberst Gurran, Hauptmann Weyel, Leutnant Müller e Lewald.*

German soldiers share their rations with locals.
*Soldati tedeschi condividono le loro razioni con degli abitanti del posto.*

A damaged Russian cannon is carefully examined by the Germans.
*Un cannone russo danneggiato è attentamente esaminato dai tedeschi.*

A machine gunner is guarding no-man's-land, Volchov's position, 1942.
*Un mitragliere sorveglia la terra di nessuno, posizione del Volchov, 1942.*

Advanced position with the shooting range cleared of obstacles.
*Posizione avanzata con il campo di tiro sgombrato da ostacoli.*

Panzer IV enters combat in the Volchov, 1942.
*Panzer IV entrano in combattimento nel Volchov, 1942.*

German panzers and infantry attack the enemy, June 1942.
*Panzer tedeschi e fanteria attaccano il nemico, giugno 1942.*

Panzer III attacks a village, June 1942.
*Panzer III attaccano un villaggio, giugno 1942.*

A Russian woman in the Volchov sack talks about suffering, poverty and starvation, June 1942.
*Una donna russa nella Sacca del Volchov parla di sofferenze, povertà e inedia, giugno 1942.*

In the middle of the forest. Civilians are forced to eat the bark of trees to trick their hunger.
*In mezzo alla foresta. I civili sono costretti a mangiare la corteccia degli alberi per ingannare la fame.*

Group of Russian children, who had to put up with hunger for weeks.
*Gruppo di bambini russi, che hanno dovuto sopportare la fame per settimane.*

Russian war material on a flatbed in the Volchov sack, 1942.
*Materiale bellico russo su pianale nella Sacca del Volchov, 1942.*

Russian ammunition crates and rolls of telephone wire are inspected.
*Si ispezionano casse di munizioni e rotoli di cavo telefonico russi.*

A child was left by his family, hidden in the Volchov forest, to guard their poor things, June 1942.
*Un bambino è stato lasciato dalla sua famiglia, nascosta nella foresta del Volchov, a sorvegliare le loro povere cose, giugno 1942.*

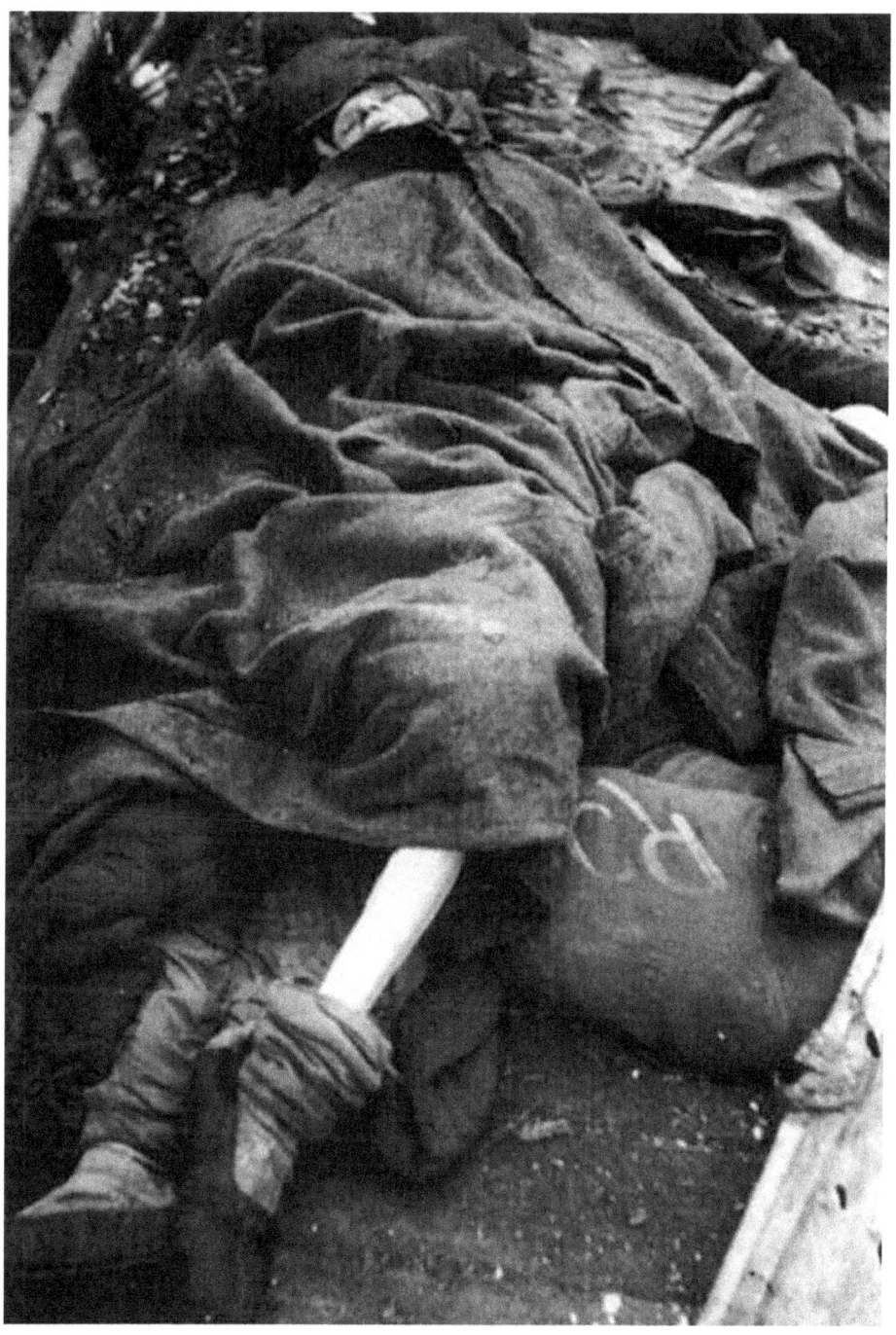

Woman starved to death in the swamps of the Volchov forests, 1942.
*Donna morta di fame nelle paludi delle foreste del Volchov, 1942.*

Only this baby survived of the whole family.
*Dell'intera famiglia è sopravissuto solo questo bambino.*

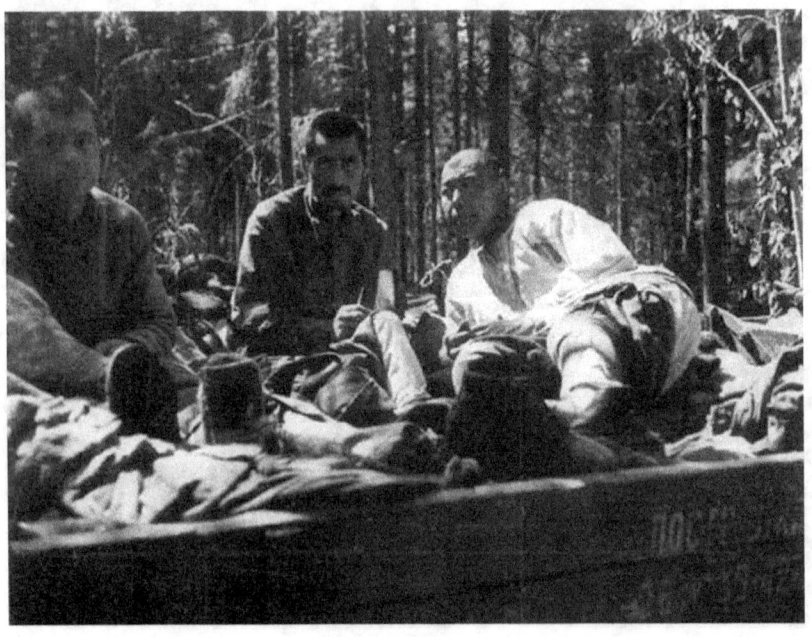

Wounded Russians, abandoned in the Volchov sack, 1942.
*Russi feriti, abbandonati nella Sacca del Volchov, 1942.*

Exhausted and abandoned Russian soldiers in the Volchov Forest, June 1942.
*Soldati russi esausti e abbandonati nella foresta del Volchov, giugno 1942.*

Russian soldiers in General Vlassov's army cook the bark of the trees.
*Soldati russi dell'Armata del Generale Vlassov cuociono la corteccia degli alberi.*

Russian dead in the Volchov swamp, 1942.
*Russo morto nella palude del Volchov, 1942.*

Child and infant found in the Volchov area, June 1942.
*Bambino e neonato trovato nell'area del Volchov, giugno 1942.*

Russian wounded captured in the Volkhov sack. The bark of the trees in the background was eaten by the Russians in an attempt to feed themselves.
*Feriti russi catturati nella Sacca del Volkhov. La corteccia degli alberi sullo sfondo è stata mangiata dai russi nel tentativo di sfamarsi.*

Little girl abandoned in the Volchov, 1942.
*Bambina abbandonata nel Volchov, 1942.*

Tragedy in the swamps. This Russian soldier took his own life in fear of being captured or unable to endure his terrible situation.
*Tragedia nelle paludi. Questo soldato russo si è tolto la vita temendo di essere catturato o non riuscendo più a sopportare la sua terribile situazione.*

Everywhere in the forests of Volchov there are wounded Russian soldiers. Their faces show despair.
*Dappertutto nelle foreste del Volchov si trovano soldati russi feriti. Nei loro volti si legge la disperazione.*

Wounded Russian soldiers captured in the Volchov sack, 1942.
*Soldati russi feriti, catturati nella Sacca del Volchov, 1942.*

This child has not yet realized that he has been given real bread.
*Questo bambino non ha ancora compreso che gli è stato dato del vero pane.*

Despair in the Volchov sack.
*Disperazione nella Sacca del Volchov.*

Stock of Russian winter clothing, captured in the Volchov sack, 1942.
*Stock di abbigliamento invernale russo, catturato nella Sacca del Volchov, 1942.*

Russian women show up to work on the railroad.
*Donne russe si presentano a lavorare alla ferrovia.*

Wounded Russian completely undernourished in the Volchov sack, 1942.
*Ferito russo completamente denutrito nella Sacca del Volchov, 1942.*

Injured Russians are moving away following the tracks of the field railroad.
*Feriti russi si allontanano seguendo i binari della ferrovia campale.*

Russian tractor loaded on a railway platform in the Volchov sack, 1942.
*Trattore russo caricato su un pianale ferroviario nella Sacca del Volchov, 1942.*

A 10.5 cm howitzer opens fire on a target in the Volchov sack, 1942.
*Un obice da 10.5 cm apre il fuoco su un bersaglio nella Sacca del Volchov, 1942.*

The time for mud roads has come.
*Il tempo delle strade di fango è arrivato.*

Transportation becomes impossible.
*I trasporti diventano impossibili.*

Hiding in the forest.
*Nascondiglio nella foresta.*

Railway platform on fire.
*Pianale ferroviario in fiamme.*

The war photographer Gundlach in the captured Russian tankette.
*Il fotografo di guerra Gundlach nella tankette russa catturata.*

"Road" in the Volchov area, May 1942.
*"Strada" nell'area del Volchov, maggio 1942.*

The underground hideout of a wounded Russian soldier, June 1942.
*Il riparo sotterraneo nascondiglio di un soldato russo ferito, giugno 1942.*

Hauptmann Weyel talks to an Estonian officer and a translator in the Volchov Forest.
*L'Hauptmann Weyel parla con un Ufficiale estone e un traduttore nella foresta del Volchov.*

German soldiers in the Volchov Forest, 1942.
*Soldati tedeschi nella foresta del Volchov, 1942.*

Hauptmann Weyel talks to a translator in the final stages of the Battle of the Volchov Sack, 1942.
*L'Hauptmann Weyel parla con un traduttore nelle ultime fasi della battaglia della Sacca del Volchov, 1942.*

Supplies and communications between the Command and bunkers in the forest are only possible via log roads.
*I rifornimenti e le comunicazioni tra il Comando e i bunker nella foresta sono possibili solo tramite le strade di tronchi.*

Almost impassable tractors are the biggest obstacle to mobility
*I trattori quasi impraticabili sono l'ostacolo maggiore alla mobilità*

Chatter around the fire, Volchov Forest.
*Chiacchiere intorno al fuoco, foresta del Volchov.*

The complete chaos was a sign of the end of General Vlassov's 2nd Strike Army.
*Il caos completo era segnale della fine della 2ª Armata d'assalto del Generale Vlassov.*

Weapons, vehicles and abandoned equipment.
*Armi, mezzi e materiale abbandonato.*

North of the Glushitza River, August 1942.
*A nord del fiume Glushitza, agosto 1942.*

Some soldiers take care of the horses.
*Alcuni soldati si prendono cura dei cavalli.*

The sign directs traffic to Divisional Command at the Glushitza River, July 1942.
*Il cartello dirige il traffico al Comando di Divisione, presso il fiume Glushitza, luglio 1942*

The burial pits are being prepared at Volchov Podub'e. The Oberst Gurran and a Regiment Company bid farewell to the fallen comrades.
*Si preparano le fosse per l'inumazione a Volchov Podub'e. L'Oberst Gurran e una Compagnia del Reggimento danno l'estremo saluto ai camerati caduti.*

Hauptmann Belau is among the dead, May 1942.
*L'Hauptmann Belau è tra i morti, maggio 1942.*

Panzers help complete the encirclement, 1942.
*I Panzer aiutano a completare l'accerchiamento, 1942.*

Railway destroyed during the battle of the Volchov sack, 1942.
*Ferrovia distrutta durante la battaglia della Sacca del Volchov, 1942.*

Damaged Russian guns at the Tosno-Kamenka railway, July 1942.
*Cannoni russi danneggiati presso la ferrovia Tosno-Kamenka, luglio 1942.*

Russian soldiers in the Volchov sack, starving, 1942.
*Soldati russi nella Sacca del Volchov, morenti di fame, 1942.*

Local people with their belongings, Volchov Forest, June 1942.
*Abitanti del luogo con le loro cose, foresta del Volchov, giugno 1942.*

A group of Russian soldiers surrenders.
*Un gruppo di soldati russi si arrende.*

One of many huts in the forest, built by refugees in May-June 1942.
*Una delle molte capanne nella foresta, costruite dai profughi nel maggio-giugno 1942.*

In the flooded forest.
*Nella foresta allagata.*

Abandoned child in the Volchov Forest.
*Bambino abbandonato nella foresta del Volchov.*

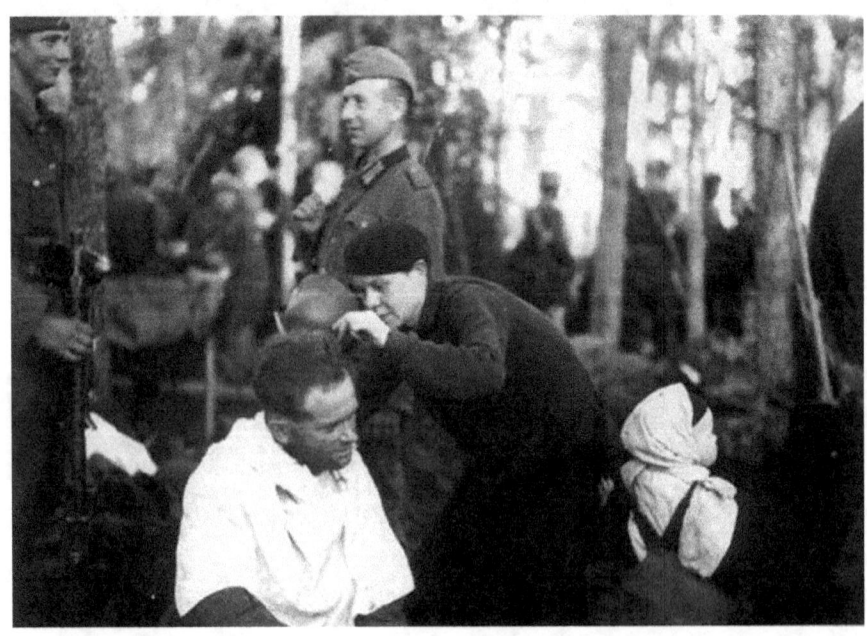

Barber at work in the Volchov Forest, June 1942.
*Barbiere al lavoro nella foresta del Volchov, giugno 1942.*

The Panzers attack along the Kamenka-Eglino railway, repelling the enemy in the Volchov sack.
*I Panzer attaccano lungo la ferrovia Kamenka-Eglino, respingendo il nemico nella Sacca del Volchov.*

German panzers reach the clearing "Erika" completing the encirclement.
*Panzer tedeschi raggiungono la radura "Erika" completando l'accerchiamento.*

Company Order Holder at the Command of 14./506, near the Glushitza River, 1942.
*Portaordini di Compagnia al Comando della 14./506, vicino al fiume Glushitza, 1942.*

A transmission core in a bomb crater.
*Un nucleo Trasmissioni in un cratere di bomba.*

Women try to clear the way of logs, debris and mud to open a passage, 1942.
*Donne cercano di liberare la via da tronchi, detriti e fango per aprire un passaggio, 1942.*

Women try to clear the way of logs, debris and mud to open a passage, 1942.
*Donne cercano di liberare la via da tronchi, detriti e fango per aprire un passaggio, 1942.*

The miserable conditions of the local population in the Volchov Forest, 1942.
*Le miserevoli condizioni della popolazione locale nella foresta del Volchov, 1942.*

Wooden bunkers and abandoned huts, bark blankets and mattresses in the Volchov Forest, 1942.
*Bunker in legno e capanne abbandonate, coperte con corteccia e materassi nella foresta del Volchov, 1942.*

Tents in the Volchov forest.
*Tende nella foresta del Volchov.*

Tents in the Volchov forest.
*Tende nella foresta del Volchov.*

Infantry take position.
*Fanti prendono posizione.*

A Transmissions core directs artillery fire.
*Un nucleo Trasmissioni dirige il fuoco dell'artiglieria.*

Soil prospecting, Volchov.
*Prospezione del suolo, Volchov.*

The Command of Infanterie-Regiment 506 in the Volchov Forest, June 1942.
*Il Comando dell'Infanterie-Regiment 506 nella foresta del Volchov, giugno 1942.*

Regiment Commander and Hauptmann Scheer during the actions in the Volchov area, 1942.
*Il comandante di Reggimento e l'Hauptmann Scheer durante le azioni nell'area del Volchov, 1942.*

The infantry crosses the Tosna River south of the village of Radofinnikovo, using a makeshift bridge, 1942.
*La fanteria attraversa il fiume Tosna a sud del villaggio di Radofinnikovo, usando un ponte di fortuna, 1942.*

March along the tracks of the famous "Erika" clearing in May 1942.
*Marcia lungo i binari della famosa radura "Erika" nel maggio 1942.*

The German Panzers prevent the escape of the Russian troops surrounded in the Volchov sack, 1942.
*I Panzer tedeschi impediscono la fuga delle truppe russe accerchiate nella Sacca del Volchov, 1942.*

Soviet weapons and equipment of all kinds are destroyed or abandoned.
*Armi ed equipaggiamenti sovietici di tutti i tipi sono distrutti o abbandonati*

Tents and wooden walkways in the Volchov swamps, 1942.
*Tende e passerelle di legno nelle paludi del Volchov, 1942.*

The carriers cross a wounded Russian, 1942.
*I portarazioni incrociano un russo ferito, 1942.*

A woman and her children in no man's land in the Volchov area, 1942.
*Una donna con i suoi figli nella terra di nessuno nell'area del Volchov, 1942.*

Only the fireplaces are left of this house in the Volchov.
*Di questa casa nel Volchov sono rimasti solo i camini.*

The solitary grave of Leutnant Linhard of Panzerjäger-Abteilung, 1942.
*La tomba solitaria del Leutnant Linhard del Panzerjäger-Abteilung, 1942.*

Russian soldiers surrender.
*Soldati russi si arrendono.*

Distribution of bread and margarine for Russian soldiers.
*Distribuzione di pane e margarina per i soldati russi.*

A woman and her child, lost in a Volchov clearing.
*Una donna e il suo bambino, sperduti in una radura del Volchov.*

First aid post of III/506 on the Glushitza River, June 1942.
*Posto di primo soccorso del III/506 sul fiume Glushitza, giugno 1942.*

Locals load their belongings onto a cart, Volchov 1942.
*Abitanti del luogo caricano i loro averi su un carrello, Volchov 1942.*

Abandoned Russian guns and caissons.
*Cannoni e cassoni russi abbandonati.*

Soldiers crossing a swamp. May 1942.
*Fanti attraversano una palude. Maggio 1942.*

Infantrymen of the II/506 cross a swamp.
*Fanti del II/506 attraversano una palude.*

A well-camouflaged position in the Volchov, 1942.
*Una postazione ben mimetizzata nel Volchov, 1942.*

Watching out for the enemy
*Vigilando sul nemico.*

Russian soldiers captured.
*Soldati russi catturati.*

The first interrogation of some prisoners of war
*Il primo interrogatorio di alcuni prigionieri di guerra.*

Russian prisoners captured in the Volchov sack, June 1942
*Prigionieri russi catturati nella Sacca del Volchov, giugno 1942.*

Russian soldier women captured.
*Donne soldato russe catturate.*

A thousand Russian prisoners of war, captured in the Volchov sack, 1942.
*Un migliaio di prigionieri di guerra russi, catturati nella Sacca del Volchov, 1942.*

Russian defector. Volchov sack, 1942.
*Disertore russo. Sacca del Volchov, 1942.*

A captured Kazakh soldier shows the size of his daily ration.
*Un soldato kazako catturato mostra le dimensioni della sua razione giornaliera.*

In this woman's face, hunger and poverty, Sacca del Volchov, 1942
*Nel volto di questa donna, fame e povertà, Sacca del Volchov, 1942.*

It marches along the famous "Erika" line in the Volchov swamps.
*Si marcia lungo la famosa linea "Erika" nelle paludi del Volchov.*

German howitzer 10.5 cm in position, Volchov area, June 1942.
*Obice tedesco da 10.5 cm in posizione, area del Volchov, giugno 1942.*

This wounded and abandoned woman waited for help for many days, until she was rescued by the Germans.
*Questa donna ferita e abbandonata ha atteso un aiuto per molti giorni, fino a quando non è stata soccorsa dai tedeschi.*

Russian machine guns captured.
*Mitragliatrici russe catturate.*

3.7 cm German counter-truck cannon aimed at the forest clearing.
*Cannone controcarro tedesco da 3.7 cm puntato alla radura della foresta.*

Leutnant H. Schuster looks towards the edge of the Volchov Forest, the Glushitza River is behind the truck.
*Il Leutnant H. Schuster guarda verso il limitare della foresta del Volchov, il fiume Glushitza è dietro il camion.*

Tomb of Private Grau, killed in action in 1942.
*Tomba del Soldato Grau, ucciso in azione nel 1942.*

Preparing to march along the "Erika" line in the ancient forests of Volchov.
*Ci si prepara a marciare lungo la linea "Erika" nelle antiche foreste del Volchov.*

The remains of a soldier, Sack of the Volchov, 1942
*I resti di un soldato, Sacca del Volchov, 1942.*

Russian weapons captured. June 1942.
*Armi russe catturate. Giugno 1942.*

Wounded Russian soldiers, Volchov 1942.
*Soldati russi feriti, Volchov 1942.*

Russian officer captured, Glushitza River.
*Ufficiale russo catturato, fiume Glushitza.*

Supply train with weapons and uniforms, captured in the Volchov's sack.
*Treno di rifornimenti con armi e divise, catturato nella Sacca del Volchov.*

Russian heavy Russian howitzer captured in the Volchov sack.
*Obice pesante russo catturato nella Sacca del Volchov.*

Trolley of winter boots.
*Carrello di stivali invernali.*

Russian soldiers captured marching to the prison camp, June 1942.
*Soldati russi catturati in marcia verso il campo di prigionia, giugno 1942.*

The arrival of the prisoners at the Glushitza River, 1942.
*L'arrivo dei prigionieri al fiume Glushitza, 1942.*

Volchov sack trophies, 1942.
*Trofei della Sacca del Volchov, 1942.*

Russian prisoners march to the meeting point.
*Prigionieri russi marciano verso il punto di riunione.*

Russian prisoners, 1942.
*Prigionieri russi, 1942.*

Russian soldiers are presented to a German officer.
*I soldati russi sono presentati ad un Ufficiale tedesco.*

Interrogation of Russian prisoners, 1942.
*Interrogatorio dei prigionieri russi, 1942.*

Wounded Russian soldiers marching to captivity.
*Soldati russi feriti marciano verso la prigionia.*

Infinite rows of Russian prisoners taken in the Volchov sack, 1942.
*Infinite file di prigionieri russi presi nella Sacca del Volchov, 1942.*

At Company Command
*Al Comando di Compagnia.*

Verses on the wall of the Company Command, 1942
*Versetti sul muro del Comando di Compagnia, 1942.*

Fighting lice, Glushitza, 1942.
*Combattendo i pidocchi, Glushitza, 1942.*

The first meal for Russian prisoners after the Battle of the Volchov.
*Il primo pasto per i prigionieri russi dopo la battaglia del Volchov,*

Munitions boxes cross the Glushitza River, 1942.
*Cassoni di munizioni attraversano il fiume Glushitza, 1942.*

Good German beer for the first time in a year.
*Buona birra tedesca, per la prima volta da un anno.*

Oberst and his staff on a Panzer, 1942.
*L'Oberst e il suo Staff su di un Panzer, 1942.*

Privates are happy with their hot meal.
*I soldati semplici sono felici del loro pasto caldo.*

A quiet meal in defensive positions.
*Un pasto in quiete nelle posizioni difensive.*

You're transporting transmission material across the river, 1942.
*Si trasporta materiale delle trasmissioni attraverso il fiume, 1942.*

Bridge over the Glushitza, June 1942.
*Ponte sul Glushitza, giugno 1942.*

Flooded and muddy roads in Volchov, autumn 1942.
*Strade allagate e fangose nel Volchov, autunno 1942.*

The Chudovo-Novosokolniki road, autumn 1942.
*La strada Chudovo-Novosokolniki, autunno 1942.*

Fall 1942. Even with extra horses they can' t make it.
*Autunno 1942. Anche con dei cavalli in più non sono in grado di farcela.*

Flooded and muddy supply road in Chudovo, autumn 1942.
*Strada di rifornimenti allagata e fangosa a Chudovo, autunno 1942.*

The Leutnant Müller of 14./506 exhibits the characteristics of a new anti-tank grenade.
*Il Leutnant Müller del 14./506 espone le caratteristiche di una nuova granata anticarro.*

New anti-ank grenade for PAKs.
*Nuova granata anticarro a avancarica per i PAK.*

Platoon Commander Rappolt distributes rations, 1942.
*Il comandante di Plotone Rappolt distribuisce le razioni, 1942.*

Impassable supply "roads" in the Volchov, 1942.
*"Strade" di rifornimento impraticabili nel Volchov, 1942.*

Bad weather, cold and rainy, for the rider and his riding.
*Pessimo tempo, freddo e piovoso, per il cavaliere e la sua cavalcatura.*

September 1942. A chat with the Battalion Commander's driver.
*Settembre 1942. Quattro chiacchiere con l'autista del Comandante di Battaglione.*

At Chudovo, August 1942.
*Presso Chudovo, agosto 1942.*

Ceremony of conferring decorations to the Officers and men of Infanterie-Regiment 506.
*Cerimonia di conferimento di decorazioni agli Ufficiali e uomini dell'Infanterie-Regiment 506.*

The Leutnant Lux and the Oberfeldwebel Rappolt, both dated 10./506, decorated by the Deutsche Kreuz in Gold.
*Il Leutnant Lux e l'Oberfeldwebel Rappolt, entrambi del 10./506, decorati della Deutsche Kreuz in Gold.*

Oberst Gurran, Commander of the Infanterie-Regiment 506 near his bunker at the Glushitza River, in conversation with his aide-de-camp Oberleutnant Tewaag, June 1942.
*L'Oberst Gurran, Comandante dell'Infanterie-Regiment 506 vicino al suo bunker presso il fiume Glushitza, a colloquio con il suo aide-de-camp Oberleutnant Tewaag, giugno 1942.*

Oberfeldwebel Rappolt, Platoon Commander of 10./506 during a combat break, Volchov, 1942.
*L'Oberfeldwebel Rappolt, Comandante di Plotone del 10./506 durante una pausa dei combattimenti, Volchov, 1942.*

Fire in the Volchov forest, protects against mosquitoes and gives hot meals.
*Falò nella foresta del Volchov, protegge dalle zanzare e dà pasti caldi.*

Wooden walkway to the III./506 Command Company.
*Passerella in legno verso la Compagnia Comando del III./506.*

Near Chudovo, look north, August 1942.
*Presso Chudovo, sguardo verso nord, agosto 1942.*

Emptying the trenches of mud.
*Svuotando le trincee dal fango.*

North sector, the soldiers prevent the flooding of the trenches with great difficulty.
*Settore nord, i soldati impediscono l'allagamento delle trincee con gran difficoltà.*

After heavy rain, the trenches are flooded for days, autumn 1942.
*Dopo le intense piogge, le trincee sono allagate per giorni, autunno 1942.*

The continuous suffering of men and beasts in the quagmire of the streets of Volchov, 1942.
*La continua sofferenza di uomini e bestie nel pantano delle strade del Volchov, 1942.*

Kaptenarmus has a good relationship with his horse.
*Kaptenarmus ha una buona relazione con il suo cavallo.*

Roads in the period of mud, autumn 1942.
*Strade nel periodo del fango, autunno 1942.*

Spitz, the dog mascot of Command Company.
*Spitz, il cane mascotte della Compagnia Comando.*

At the field kitchen: tasting the food.
*Alla cucina da campo: si assaggia il rancio.*

The photojournalist Gundlach plays cards with the jacks.
*Il fotoreporter Gundlach gioca a carte con i fanti.*

Generalfeldmarschall von Kuchler, Division Commander General Goritz and other officers visit the positions northeast of Chudovo.
*Il Generalfeldmarschall von Kuchler, il comandante di Divisione General Goritz e altri ufficiali visitano le posizioni a nordest di Chudovo.*

After visiting the front, the Generalfeldmarschall von Kuchler greets the Division Commander General Goritz, Oberst Gurran and Major von Raeder, August 1942.
*Dopo aver visitato il fronte, il Generalfeldmarschall von Kuchler saluta il Comandante di Divisione General Goritz, l'Oberst Gurran e il Major von Raeder, agosto 1942.*

Leutnant Schuster and photojournalist Georg Gundlach.
*Il Leutnant Schuster e il fotoreporter Georg Gundlach.*

The Leutnant Schuster and Georg Gundlach.
*Il Leutnant Schuster e Georg Gundlach.*

# CONTENTS

Introduction . . . . . . . . 3

History of the 291st Infanterie-Division . . . . 3

Chart of the 291st Infanterie-Division. . . . . 6

Maps . . . . . . . . . 7

Photographic history of the 291st Infanterie-Division, 1941-1942 . 10

# INDICE

Introduzione . . . . . . . . 3

Storia della 291. Infanterie-Division . . . . . 3

Organigramma della 291. Infanterie-Division . . . 6

Mappe . . . . . . . . 7

Storia fotografica della 291. Infanterie-Division, 1941-1942 . . 10

www.ingramcontent.com/pod-product-compliance
Lightning Source LLC
LaVergne TN
LVHW081542070526
838199LV00057B/3750